O TEMPO E A VIDA

Poemas e pensamentos

Flávio Cavilia

INTRODUÇÃO

A poesia é a forma mais sublime de exprimir os sentimentos, exteriorizar nossos pensamentos, ilusões, felicidades e desapontamentos.

Na arte de escrever versos, construímos um mundo mais humano, mais feliz, motivado pelas nossas inquietações.

Na presente obra, a poesia versa sobre os mais variados assuntos, buscando exprimir sentimentos sobre cada tema escolhido, que foram surgindo no dia a dia.

A poesia é algo que nasce de forma natural, daquilo que vemos, sentimos, pensamos, das mais variadas experiencias por que passamos.

Este livro de poesias, busca de forma verdadeira expressar o mundo que esta a nossa volta.

O TEMPO

Quiça pudesse eu dominar o tempo
Ser senhor do meu tempo
Mas, o tempo segue sem nos notar
Somos nós que vemos o tempo passar

O passar do tempo nos torna mais serenos
Só o tempo nos trás sabedoria
É o mestre da vida que nos da experiência
A sapiência é conseqüência do viver

Não há tempo para prostração
Há tempo apenas para agir
A efemeridade da vida nos empurra para o viver
O viver é o sentido da existência

Quero sentir, quero chorar, quero rir, quero ver ...
Quero amar a mulher escolhida como se fosse à última
Não há tempo para hesitar diante da vida
Resta tempo apenas para o viver

LAMENTO SERTANEJO

Longe do mundo e das preocupações
Vive o homem no seu estado mais humano
Vida simples, sem complicações
Apenas vivendo a vida que passa mais devagar

Mãos calejadas, suor escorrendo, mas feliz
Apenas houve o barulho dos pássaros e da água que passa no riacho
Não vê agitação, o seu tempo passa mais lento
É uma vida vivida sem aborrecimentos

Não segue ordens, segue seu destino
No dia a dia busca apenas seu sustento
Não há ambições, há apenas vontade de lutar
Uma luta sofrida, mas feliz

E assim o velho sertanejo calejado pela vida busca sua felicidade
Sem pressa ou correria
Percorre seu caminho no tempo certo
Sem atropelos ou percalços

AS VOLTAS DA VIDA

No alto daquele morro há um moinho de vento
Ele da voltas e retorna de onde começou
Assim vejo a vida com suas voltas
O que hoje parece eterno, amanhã pode perecer
Não há o imutável
A vida é uma metamorfose
A natureza muda para continuar
Tudo muda, temos que nos adaptar
Não há espaço para prostração diante da vida
A estagnação nos destrói
A renovação se faz presente
Faz-se mister sabedoria para perdurar
Contemplo o mundo ao meu redor

Imagino para aquém do horizonte da vida
Preciso pensar no vindouro
Sem renegar o passado
Assim continuo minha caminha para o fim

INFÂNCIA

A vida era muito mais fácil
Não haviam complicações
Não via nos homens a maldade que lhes é peculiar
Minha vida era alegria

Tão aprazível era a ingenuidade desta tenra idade
Como era bom não compreender a realidade do mundo
Em tudo via apenas o lado bom
O ser humano aos meus olhos era algo inofensivo

Quando me pego a pensar neste tempo pretérito
Percebo a felicidade que deixei para trás
Hoje vivo a realidade deste mundo
Realidade esta repleta de frustrações e arrependimentos

Sinto vontade de voltar a ser criança
Não enxergar a realidade deste mundo
Feito de homens ávidos de cobiça
Mundo este tão sem graça

ENVELHECER

Como era doce a juventude
O tempo passava leve como uma pluma
Viver era algo agradável
Não havia temores ou medos

Após, comecei a ver que o tempo deixava suas marcas
Senti o peso do tempo que é implacável
Passou sem me deixar realizar todos os meus sonhos
Sonhos não vividos durante o esplendor da idade

Com mais idade, hoje cultivo a experiência
Busco o verdadeiro significado da vida
Após muitos atos errôneos e poucos acertos
Tenho a experiência como minha companheira

O hodierno é mais sereno
Busco apenas a paz e a sabedoria
Os sentimentos arrefeceram
Hoje contemplo a vida

O COTIDIANO DA VIDA

Cá estou eu
Lá fora vejo as pessoas
Caminham ao encontro das suas obrigações
Não há rumo ou direção

Aqui de cima vejo sem ser notado

Apenas observo
Neste mundo lá fora não quero estar
Faz-se premente um sentido para o viver

Quiça pudesse eu sair deste mundo
Encontrar algum lugar mais humano
Não basta estar aqui nesse lugar
Quero razão para a vida

NO SILÊNCIO DO MEU JARDIM

Olho para uma rosa ali naquele lugar
Nela vejo a mulher que um dia tive
Se aquela flor pudesse expressar o meu amor
Não haveria tamanha magnitude em qualquer lugar
Mas ela ali está, e eu aqui a admirar
Exala seu cheiro que em mim traz lembranças
Me faz recordar daquela que para algum lugar se foi

No passado era alegria
Hoje restou a dor e desilusão
O futuro parece que não mais há
Assim, olho novamente para aquele rosa do meu jardim
Mas ela segue ali calada sem me notar
A mim resta sonhar e esperar

MULHERES

Quantas mulheres nessa vida amei
Cada qual de uma forma e jeito
A cada cheiro algo de singular
Pois mulher igual não há

Muitas mulheres desejei
Com poucas pude me deleitar
Cada prazer teve as suas peculiaridades
Todas foram inesquecíveis

Há, as mulheres, seres magníficos
Exalam seu cheiro como a mais bela flor
Sem elas, nos falta um pedaço
Com elas, somos seres completos

Quiçá pudesse eu compreender-lhes
Tarefa árdua é entender o intimo de uma mulher
Seu pensar difere do nosso pensar
Nos falta a sensibilidade que lhes é peculiar

Vivo sem o alimento, não vivo sem minha amada
Com ela não há mais sofrer
Há apenas o viver
É uma vida mais doce e serena

CAI A CHUVA LÁ FORA

Cá estou, vivendo a solidão
Restou sua presença apenas em meus pensamentos
Quiça pudesse eu reviver o passado
Os erros e atitudes impensadas não mais se apagam
Resta apenas suportar o presente

Ouço o barulho da chuva lá fora
Sua lembrança fere como lâmina cortante
São marcas indeléveis que permanecem
O tempo passa, restam as memórias
Agora, resta olhar para o vindouro
Buscar algo que me acalente

TRABALHADOR

Cedo acorda e vê o sol bater na janela
Um novo dia começa, igual a todos que já passaram
Não há novidade, é apenas sua rotina
Novamente caminha rumo a construção

Trabalhador de mãos calejadas
Faz da força seu sustento
Não tem conhecimento ou instrução
Mas tem vontade de vencer

Segue seu rumo sem direção
Apenas segue porque tem que prosseguir
Seu sustento é o que lhe move
Quer o pão pra si e sua família

Mas um dia pensa que vai melhorar
Pois pior não pode ficar
Este é o consolo que lhe resta
Triste rotina de um trabalhador

Trabalhador este que move este país
Sem ter noção das artimanhas do poder
Poder este que não lhe vê
Pois não reclamada, apenas trabalha e quer seu sustento

Não é a ambição que lhe move
É a necessidade de viver
Assim, prossegue sua vida, até que lhe reste forças pra prosseguir
Triste vida de um trabalhador

MARTÍRIO

Tão cedo desperta
Vê os primeiros raios de sol
Seu pensamento é preocupação
Mais um dia em frente
Caminha a passo mando na sua direção
Não vê o horizonte
Vislumbra apenas o cotidiano
Segue seu rumo para o pão ganhar
O mundo ele não compreende
Por que tanto sofrer?
Será que vida precisa ser tão difícil?
Mas ele segue seu caminho
Outra escolha não há

CIRCUNSPECTO

Dirijo meu olhar ao que me cerca
Defronto-me com um mundo à parte
Há pessoas que passam sem serem notadas
Vejo vidas que seguem

Neste mundo existo
Neste mundo estou
Neste mundo não quero estar
Neste mundo mantenho-me

Vejo desprezo nos olhares
Vejo seres afoitos
Vejo aquilo que não vêem
Vejo sentimentos mantidos à margem

Neste lugar encontro-me
Me sinto humano em meio a desumanidade
Sentimentos não mais há
São vidas desprezadas por estes seres

VOLÁTIL

Sou aquilo que vêem
Algo além do concreto
Apenas sinto
Não materializo meus pensamentos
Meu pensar se sobrepõe ao mundo real
A realidade me fatiga
Frusta-me aquilo que posso tocar
O irreal é mais instigante

Almejo o irrealizável
Conquistar é frustração
Quimeras são mais belas

FOLHAS SECAS AO CHÃO

Principia o outono
Vejo folhas secas ao chão
Despencam do alto
Levam consigo paixões

Uma nova estação que vem
Trás de novo recordações
O novo e velho se misturam
Produzem novas emoções

DESIGUAL

São dois seres humanos
Porém, diferenças há
Vivem em mundos diferentes
Em um fartura, noutro, tudo falta

Aquele ser desvalido
Não se sente humano
Prostra-se diante da frieza dos demais
Não se sente parte deste mundo

Para o outro em demasia
Exorbita em muito o que precisa

Já não lhe faz mais diferença
O excesso lhe faz entediar

Quiça um dia ver eu todos iguais
Não ver mais seres desiguais
Findar as injustiças
O ser humano tratado como humano

MULTIDÃO E SOLIDÃO

Estamos tão só
Ao mesmo tempo estamos entre tantos
As pessoas passam sem nos notar
Simplesmente, seguem

Em meio a multidão tendo me encontrar
Vejo rostos, expressões, pessoas alheias a mim
Olhos para elas, mas continuam a não me notar
Apenas continuam seu caminho

De repente, vejo que algo em mim difere dos demais
Vejo o mundo com mais paciência
Não me entrego a esse mundo
Quero continuar sozinho em meio a multidão

A VIAGEM

Quero conhecer para aquém do horizonte
Caminhar por caminhos nunca percorridos
Deixar para trás as reminiscências do passado
Conhecer o meu próprio destino

Me perco em meio a pensamentos
Estes sobrevêm e se vão
Fazem despertar os sentimentos mais recônditos
Me jogam em direção a vida

De súbito que partir para a vida
Caminhar por entre montanhas
Vivenciar meus sentimentos
Despertar o que estava adormecido

Não me basta o pensar, quero o viver
A vida vai esvaindo-se ao poucos
Mas quero-a para mim
Os sonhos já não são aprazíveis

Nos mais, restam apenas resquícios de ilusão
Ilusões as quais não pude viver
O tempo implacável segue o seu curso
Mas há tempo para viver

A MORTE

Escorreita a morte chega sem avisar
Nos surpreende na esquina da vida
Não nos deixa terminar o que estava por fazer
Não há mais tempo pra viver

A vida tênue passou sem que notasse
O tempo perdido ficou para trás
O agora é o fim
Não há espaço para arrependimentos
Pois a vida não vivida não volta mais
Há apenas uma oportunidade pra viver
O tempo não perdoa os incrédulos na vida
Ele passa sem nos notar
Nos leva para o fim
No findar da existência vemos a vida que não vivemos
O prazer que não deleitamos
A simplicidade da vida que complicamos
A vida levada ao extremo
Mas que não vivemos
Quanta contradição
A única certeza da vida é a morte

NOITES TRISTES

A luz esvaiu-se de repente
Fico aqui em meio a escuridão
Olho para aquele céu tão cheio de estrelas
São tristes as lembranças que hoje sinto

Quando vem a aurora meu coração se aquieta
No meu peito a dor que ela deixou
Ainda sinto aquele cheiro tão singular
Igual aquele não há

A brisa mansa bate em meu rosto
Vejo a luz do luar lá no alto

Quão distante ela deve estar
Em meus pensamentos sua presença se faz constante

Em meio a escuridão quero encontrar a luz
A luz que é minha vida
A minha vida é aquela mulher
Aquela mulher que um dia ei de encontrar pra não perder

VIDA SOFRIDA

Aquele sofrido homem segue seu destino
Destino cruel, que apenas lhe reservou sofrimentos e amarguras
Mas ele não se abate, segue sem pensar
Caminha para o futuro sem notar o presente

É a triste vida de um trabalhador
Lhe dizem que sua vida vai melhorar
Que o futuro vai ser melhor
Mas que futuro é este que não chega?

Assim ele segue em frente sem contestar
Apenas segue ordens
Não questiona o que lhe dizem, apenas obedece
É uma vida não vivida

Dessa forma a vida segue sem lhe notar
O tempo passa e ele continua lá
Homem honesto que nada contesta
Assim é a vida de um trabalhador

DEUS

O medo do fim assola-me os pensamentos
Me faz refletir, pensar, buscar uma explicação
Qual será o sentido da minha existência?
Há uma razão de estar aqui?

O medo do desconhecido atordoa meus pensamentos
O intangível torna o ser humano menor
Nos trás a consciência da nossa pequenez
Somos apenas seres passageiros

Busco com avidez conhecimento e sabedoria
Quero respostas para os mistérios da existência humana
Não suporto dubiedades ou incongruências
Mister se faz a certeza

Acima de nós deve haver uma força maior
Algo que faz mover o mundo dos homens
Que da a ordem necessária aos acontecimentos
Que nos torna seres humanos por excelência

ESCURIDÃO

Em tudo via apenas obscuridade
Não vislumbrava onde estava o prazer da existência
Por que estar sobre este lugar apenas por estar
O ser humano era algo desprezível

O vindouro era algo angustiante
O martírio da vida seria prolongado

Parecia ser perene, infindável
Via o túnel, mas não via a luz

A vida passava sem me notar
Não notava que a vida passava
A vida me deixou para trás
Perdi o caminho da vida

Busquei nos mais complexos acontecimentos o sentido da vida
Mas foi nos mais singelos fatos que pude ver a vida em sua essência
O ser humano não se reveste de complexidade
É na simplicidade que nos tornamos humanos

QUERO APENAS ILUSÕES

Essa triste vida me fatigou
A realidade deste mundo me causa espanto
Não quero mais viver na realidade
Quero viver com minhas ilusões de perfeição

A partir de agora a poesia será meu alimento
Vou viver como o poeta que apenas vê o que lhe é aprazível aos olhos
Serei outro ser, mais humano
Não quero mais esta vida tão sofrida

Vou imaginar o meu próprio mundo ideal
Com campos mais floridos

Repleto de gente mais feliz
Quero apenas a vida viver

AQUELE TEMPO QUE VIVI

Outrora vivi um tempo que não se apagou
A vida seguia em ritmo mais lento
Eu vivia a vida
Extraia do mais simples a beleza da vida
Não havia descontentamento
Pois não havia ambição
Queria era sentir o prazer de estar ali
Naquele lugar tão puro e sereno
A vida ali passava com mais tempo
Havia tempo para viver
Pois não havia motivos para correr
Havia motivos apenas para viver
Hoje sinto um vazio que toma conta de mim
Pois não resta tempo para a vida
Há tempo apenas para os compromissos
Deixei a vida passar a margem da minha existência sem notar

A VIDA DO POETA

O poeta vê apenas beleza
O que não é belo não chega aos seus olhos
O poeta tem apenas sentimentos bons
Os maus sentimentos ele não sente
A vida para o poeta é perfeita
As tristezas da vida passam-lhe a margem

O poeta vê apenas campos floridos
Não vê o que não é aprazível aos olhos humanos
Aliás, ele não é humano
Esta acima da perfídia humana
É capaz de descrever com beleza a sordidez dos homens
A realidade não o instiga
Quer apenas viver as ilusões
Busca uma perfeição intangível
Passa a vida a se iludir
Mas o que lhe importa é ser feliz

ALVORADA

O dia resplandece
Algo de novo esta porvir
Me deleito com os raios de sol que tocam minha pele fria
Quero sair para a vida descobrir

O que é novo me instiga
Os fatos passados são apenas memórias
Aqui neste lugar quero ser feliz
Não há espaço para a desilusão

O presente deve ser vivido
Sem hesitações, apenas impavidez
Não há motivos para temer a vida
Pois o tempo não nos espera

O HORIZONTE

No horizonte longínquo vejo as estrelas
Pensamentos sobrevêm a mente
Imagens desconcertantes surgem na imaginação
Os sentimentos se contrastam entre si

Alegria, tristeza, medo, coragem ...
Defronto-me com meus fantasmas
Impávido vou ao encontro deles
Frente a frente assola-me o medo do desconhecido

Quero conhecer aquele lugar
O qual por tantas vezes imaginei
Quero conhecer o desconhecido
Viver aquilo que sonhei

QUANDO CRIANÇA

Quando criança não havia tempo para sonhar
Não pude ser criança na minha infância
Haviam obrigações que não me cabiam
Ainda assim, a infância passou sem que perdesse a inocência

Hoje quero voltar a ser criança
Não quero compreender a triste realidade deste mundo
A gente adulta que tanta maldade faz
Outrora não via esta maldade, em todo via apenas bondade

Ainda que perdida, minha infância foi feliz
Pois via apenas beleza no meu mundo

A gente adulta via com indiferença
Pois não queriam sonhar como eu sonhei

Naquele tempo de criança tive sonhos
Hoje quero buscar realizar
Quero uma vida com mais inocência
Sem me importar com toda maledicência deste mundo

O AMOR

Um sentimento forte me arrebata
A solidão torna-se vazia
Não quero mais viver apenas
Mas sim vivenciar aquilo que sinto

Outrora vi a vida de forma obscura
Parecia-me algo desprovido de prazer
Era apenas viver, estar aqui
Não se importar com o ser humano

Hoje vejo o céu, as estrelas, os campos floridos
Vejo as pessoas, a beleza da existência
Faltava-me o complemento
A minha existência estava vazia

Ao passar pelas ruas sinto o vento soprar
A alegria das pessoas que me cercam
Buscam cada qual a felicidade a sua maneira
Uns estão fadados a escuridão, outros encontram a luz

O VENTO QUE ASSOBIA LÁ FORA

Aqui dentro ouço o vento que assobia lá fora
Sentado em frente à lareira meus pensamentos voam ao longe
Há, como era lindo aquele tempo de criança
Como era bela a inocência de nada conhecer da vida

Os caminhos por onde passei deixaram marcas indeléveis
O tempo não apaga as cicatrizes da vida
Quiça pudera eu reviver o que já passou
Buscar acertos onde errei

Mas o tempo passa e deixa apenas lembranças
Sejam elas boas ou ruins
São perenes na memória da vida
Assim, me conformo e tento viver o hoje

QUERO PARTIR DESTE LUGAR

Da varanda vejo o horizonte
Tento imaginar o que se esconde por detrás daquelas montanhas
Será uma terra mais bela?
Haverá lá mais alegria?
Quero partir para o desconhecido
Este silêncio e tranquilidade já não me encantam mais
Quero descobrir o mundo e suas imperfeições
Tenho avidez pelo saber e instrução
Outrora este lugar era meu mundo
Hoje que me jogar para a vida
Quero provar daquilo que sempre foi apenas pensamento
Uma inquietude toma conta do meu ser
Daquele ser calmo e sereno não há mais resquícios

Restou apenas avidez pelo insólito
Assim, caminho para além do horizonte

O PRINCÍPIO DA VIDA

A vida começa de forma incompreendida
Como o passar do tempo, busca-se entender a vida em volta
Ao defrontar-se com o mundo, o ser imaturo vê-se tomado pela insegurança
Passa a buscar incessantemente a compreensão do mundo, das pessoas...
Os sentidos que a natureza lhe deu, propiciam a compreensão das coisas
Somente o tempo, proporciona conhecimento
O homem evolui na sua existência através da experiência
É no vivenciar da vida, que se constrói a própria história

A SOLIDÃO

No escuro vazio da solidão
Ouço as vozes da consciência
Sobrevêm pensamentos
O ser humano confrontando o que há de mais angustiante

A solidão, o vazio em meio a multidão
As vozes indiferentes que passam
O tormento de estar só
No caminhar pelas estradas

No passar pelos caminhos

Vejo a esperança e a luz
No reencontrar consigo mesmo
Na aceitação das diferenças

Viver na solidão, é viver a margem dos demais
É ser indiferente diante da vida
A vida que passa e nos leva cada qual ao seu caminho
Assim, prossigo na vida até o fim

MARCAS DO PASSADO

Os pensamentos me sobrevêm a mente
Fatos passados, acontecimentos não apagados da mente
Trazem-me lembranças das quais tento esquecer
Entretanto, tais marcas são indeléveis

A vida deixou marcas inapagáveis
As quais fazem parte da minha história
Impossível negar o que foi vivido
Os fatos persistem no tempo

O mundo mudou, minha vida mudou, mas o pretérito não se apaga
Os erros foram os maiores acertos da minha vida
Com eles aprendi a acertar
Somente vivendo as experiências da vida é que aprendemos

AS FLORES DO MEU JARDIM

Olho as flores que plantei
Sinto o cheiro se dispersar
Enche-me de sentimentos puros
Lembro dos amores que vivi e não esqueci

As flores são a expressão do sentimento
Entreguei flores a quem amei
Pois quando amei vi flores em meu jardim
As flores que me encantam

No amor vejo apenas luzes
A escuridão ficou para trás
Vejo o jardim da vida
A beleza até então recôndita

A pureza do amor me comove
Vejo apenas perfeição
As rosas do meu jardim são mais belas
Não há beleza comparável nesse mundo

Assim a vida segue mais fácil
Contemplo apenas o que é belo
A beleza está onde quero ver
E a vida segue pura e serena

AQUELA MULHER

De beleza incomparável
De um sorrido inebriante
Arrebatou meus sentimentos
Aquela mulher

É a luz que me ilumina
O meu pôr do sol
O alimento que me mantém
Ela me basta

Com ela ficou mais fácil a vida
O meu mundo ficou mais belo
A vida enfim fez sentido

AQUELES OLHOS

São belos aqueles olhos que um dia pude ver
Aquele cheiro me fez perder a razão
Senti por um momento estar alheio a realidade que me cercava
Era somente eu e ela ali naquele lugar
O resto deixou de existir
O mundo parou por um momento
Não havia mais nada com o que me importar
O amor tomou conta da minha vida

O TEMPO E A VIDA

Outrora via o tempo passar
Hoje vivo o tempo
Nas reminiscências do passado, resquícios de desilusão
Da vida que deixei de viver
O tempo implacável, não espera a vida
A vida segue o tempo
O hoje é a vida
O passado, o vindouro, o hoje é o que importa
A vida moderna, ocupações e preocupações grandiosas
No fundo, o que importa é o que aos olhos do homem é a principio destituído de relevância
Após, o ser humano vê-se frente a frente com a vida
A vida muitas vezes não vivida
Levamos a vida ao extremo
O extremo da estupidez humana
No fim, o que importa é o viver
É aproveitar o pôr do sol, o olhar sob as estrelas
A serenidade dos momentos cotidianos
O compreender da insignificância humana diante da grandiosidade do universo
Da efemeridade da própria vida
Que inexoravelmente caminha para o findar da existência
A única certeza do ser humano na sua breve existência

AMIZADE ETERNA

A amizade sincera é perene
Não se desfaz com o tempo
O tempo aprofunda ainda mais
Há cordialidade, companheirismo e fidelidade

O ser humano necessita não estar só

Na dor busca compreensão
Na tristeza busca uma palavra amiga
Na felicidade quer compartilhar

No fundo, buscamos dividir o que sentimos
Não nos conformamos com a solidão
Ela destrói nossos sentimentos
Corrói nossas entranhas

Assim, queremos ser ouvidos
Repartir nossos bons e maus momentos
Uma palavra amiga
Uma amizade eterna

AQUELE DIA TÃO FELIZ

Foi naquele dia
Avistei aquela mulher ali naquele lugar
O mundo já não era mais o mesmo
Algo de belo surgiu

Minha vida se fez alegre
Meu mundo ficou mais belo
Senti o perfume das rosas do meu jardim
O viver ficou menos complicado

Hoje quero a vida em minhas mãos
Quero sonhar com o impossível

Realizar o inimaginável
Perder a razão e viver a emoção

Só o amor nos traz à vida
Nos leva para um viver diferente
Onde os sentimentos são sentidos
E nossa vida se faz sublime

VIDA REAL

Vivemos cada dia mais intensamente
Vivemos a rotina que trilha sempre o mesmo caminho
Seguimos apenas aquilo que está posto
Abdicamos da possibilidade de inovar
De trilhar por novos horizontes
O desconhecido causa temor
Percebemo-nos seres amedrontados diante do desconhecido
Somente o que nos é perceptível é que vivenciamos
Assim, a vida passa, e o ser humano apenas está aqui
A grandeza da existência passa despercebida aos olhos do homem medíocre
No fundo a grandeza da existência humana é a sabedoria
A sabedoria adquirida com a experiência da vida
Mas o ser humano apenas persegue objetivos
Não se da conta do que é mais relevante
Que é simplesmente viver a vida
Em todo o seu esplendor
Quiça o ser humano soubesse o que é realmente viver
Apenas descobre tardiamente
Quando a vida vai esvaindo-se
Ou quando a própria vida lhe surpreende com o fortuito

Que quase lhe custa a vida
No fundo o que buscamos é apenas viver a vida

SOBRE A VIDA

No inicio era apenas ilusão
A compreensão do mundo era algo distante
Vivia alheio ao mundo real
A verdade era algo intangível

A experiência trás consigo a realidade
O estranho e o desconhecido começam a serem desvendados
Descobrimos o mundo que nos cerca
Conhecemos o ser humano e sua verdadeira essência

A partir de então a vida nos encontra
Enfim nos defrontamos com o mundo
O mundo dos seres perversos
A realidade nos cobre por inteiro

Quiçá pudéssemos ter a compreensão
Somos apenas escravos do mundo
Presos a nossa pobre existência
Nos prostramos diante da miséria humana

O AMOR TEM SEUS MISTÉRIOS

Outrora queria estar só
Olhava o horizonte sem imaginar
A felicidade das pessoas era algo incompreensível
Em tudo não havia nada para admirar

De súbito um sentimento me arrebatou
A princípio era algo assustador
Não havia compreensão da sua amplitude
Havia até então me fechado para a vida

Após, vi a luz da vida renascer
Era algo novo em minha vida
Aquela mulher fez mudança em minha vida
Não havia mais desilusão

O amor eleva nossos sentimentos
Vivemos cada momento em seu esplendor
A vida agora é algo aprazível
Não há mais espaço para a dor

Contemplo o horizonte
A imaginação caminha para o longínquo
O presente é a vida
Assim vivo com avidez cada momento

SONHOS

A vida que vivo não me contenta
Quero ter ilusões pra sonhar
Sonhar com o intangível
Com aquilo que está além do infinito
A imaginação nos leva para o longínquo
Nos transporta para o mundo ideal
Quiça pudesse estar realmente lá
Não haveria tristezas ou desilusões
Haveria espaço tão somente para a alegria e benevolência
O ser humano exercitando os seus mais belos e puros sentimentos
Deixando pra trás toda a inquidade
Mas olho a minha volta e me defronto com a realidade
Com seres desprezíveis e tolhidos de sentimentos
Não vêem a beleza e sutileza da vida
Não a encaram com simplicidade
Querem complicar a vida

La por detrás das montanhas
No horizonte que não esta ao meu alcance
Deve haver algo bom
Um mundo melhor onde possa viver
Espero um dia chegar lá

AQUELE AMOR

Um sentimento implacável me torna vulnerável
O mundo já não e mais o mesmo

Tem flores pelo campo, estrelas no céu
Vejo a beleza ao meu redor

O antes não existiu, apenas passou

O hoje é a vida, no seu mais completo esplendor
A vida tornou-se algo agradável e provida de sentido
Encontrei na simplicidade a vida que sonhei

CAMINHOS

No passar pelos caminhos desta tênue existência
Senti por vezes alegrias, por outras dor e sofrimento
O tempo que foi deixou marcas e lembranças
No passar por aquela planície, vejo a imensidão do horizonte da vida
Me defronto com o imensurável
Meus parcos conhecimentos não me permitem compreender
Há muita imensidão por desbravar
Quiça pudesse eu viver mil anos
Para tudo descobrir

DIA A DIA

Um novo dia resplandece
A alvorada mostra a sua face
O sol bate na janela
É o despertar para um novo dia

De súbito me ponho de pé
A vida me espera lá fora
A rotina volta a sua normalidade
As angústias tomam conta de mim

Na rua vejo pessoas
A multidão segue
O ser humano cumpre sua rotina
Apenas caminha para onde deve ir

O BRILHO DOS SEUS OLHOS

São aqueles olhos tão serenos
O brilho daqueles olhos é divino
Ela me olha, sinto-me entre nuvens
Não quero mais nada olhar, somente aqueles olhos

Doce menina que me encanta
Me faz sentir o inimaginável
Causa-me espanto tal beleza
É algo pra se admirar eternamente

Quando vejo ela lá naquele bosque
Sinto meu coração trepidar
A emoção me toma de súbito
É a mulher por quem sempre esperei

Neste mundo somente ela
Não há mais alguma mulher
Tanta beleza que basta
Não haverá mais ninguém para amar

LEMBRANÇAS

Aquele passado que me traz lembranças
Sobrevém a mente fatos que não esqueci
O que fiz e não me arrependi
O que deixei de fazer e me arrependi

Parte da vida que passou
Não mais a terei
Não há espaço para arrependimentos
Há apenas lamento

O passado me trouxe experiência
Os erros do passado hoje me fazem acertar
O viver é que nos faz melhores
Só a vida traz sabedoria

O SER HUMANO

O homem vive e segue a evolução
Descobre, constrói, evolui...
Com inteligência trilha para o futuro
É provido de sentimentos
Sobrepõem-se aos demais seres
Por vezes, é capaz das mais ignóbeis atitudes
Por outras, demonstram os mais nobres sentimentos
A cobiça nos torna menos humanos
Nos deixamos arrebatar pela perfídia
A contradição esta presente
Paralelamente caminham toda maldade e benevolência
Mas no final, somos apenas humanos

PERDIDO EM PENSAMENTOS

Estou aqui, mas meus pensamentos voam ao longe
Percorrem distâncias, e vão a lugares onde jamais estive
Ultrapassam o horizonte da minha vida
Não quero mais estar aqui

Imagino o que esta por vir
Essa vida já não me traz deleite
A rotina tornou-se algo estenuante
A busca pelo insólito é o que me move
Quero descobrir
Buscar o desconhecido
Ver e tocar um novo mundo

QUERO APENAS VIVER

Quero sair pela rua e ver as pessoas
Contemplar o que é belo
Buscar as ilusões que me movem
Procuro não apenas estar vivo
Quero a vida em minhas mãos
Vejo o horizonte ali a minha frente
Sinto que há ainda muito por desvendar
O insólito é o que me move
O tempo implacável não nos deixar pensar
É preciso viver

A VERDADE

A verdade fere com lâmina cortante
Nos causa temor, angústia, desconforto ...
Causa perplexidade, buscamos nos distanciar dela
O confronto com ela é algo assustador
Cada ser humano possui as suas verdades inevitáveis
Que se esconde por trás de aparências, sentimentos frágeis
É algo que quer vir a tona, mas evitamos
É o inevitável evitado a todo custo
Porém, inexoravelmente caminha para a descoberta
Existem diversas verdades, cada um possui as suas
Nos disfarçamos por detrás de estereótipos, imagens construídas
Não revelamos nosso verdadeiro sentimento
Queremos ser vistos sob a ótica da perfeição, do intocável
Mas no fim, somos apenas seres humanos
A modernidade nos impõe ser aquilo que é imposto
Abandonamos nossa verdadeira essência
Impede-nos de ter sentimento, compaixão, ímpeto humano em nossas atitudes
Querem-nos impor a razão
De seres frágeis, dominados por sentimentos e fraquezas
No fim, acabamos por nos conhecer e compreender
Nos descobrindo seres humanos em sua verdadeira essência

METROPÓLE

Vejo pessoas passando pela rua
Seguem seu caminho sem direção
São objetos que se movem
Numa rotina que segue

Ouço o barulho dos carros e das fábricas

São serem que passam sem notar a vida que segue
Não vivem, estão ali para cumprirem sua rotina
Não tem sentimentos, são máquinas movidas pela cobiça

Assim a vida passa e nós ficamos
O sentimento é o de não viver
Não sentir que estamos vivos
Querem apenas que sigamos as regras
Nós seguimos sem questionar
Há um sentimento de frustração
Será que isso é o viver?
Bem, talvez haja tempo ainda para viver ....

PÁTRIA AMADA

País de poucos, onde muitos vivem
Vivem sem questionar
Buscam apenas o que lhes basta
Não querem mais do que lhes é dado

Pais de povo ordeiro e adormecido
Nas entranhas do poder traçam nosso destino
Os poucos tomam para si os rumos do nosso destino
A massa marcha rumo ao futuro que demora pra chegar

A realidade é cruel
O futuro não perdoa quem não lutou
Quem não se importou com o que estava além da sua triste rotina
Assim, prosseguimos nosso destino

ADMIRÁVEL POVO BRASILEIRO

Abaixo das entranhas do poder
A margem da luta pelo poder
Vive um bravo povo
Que trilha seu caminho sem contestar
Quer o pão, não quer o ouro
Contenta-se com o mínimo que lhe deixam
Não quer luxo, quer apenas sobreviver
Por mais que a vida seja difícil
Não perde a capacidade de ser feliz
Não almeja o intangível, se contenta com o que tem
Dizem-lhe os donos do poder que lhe querem o bem
Mas já não acredita mais em ilusão
Assim, segue o seu caminho para o futuro que constrói

BRASIL

Em berço esplendido repousa a ignorância do povo
Povo sofrido, relegado a insignificância
Desde o princípio da história, as mesmas mazelas
Um povo alheio a realidade dos palácios
Lá de onde vêm as ordens que buscam manter a mesma ordem das coisas
A ordem que separa os afortunados, seres vistos com temor, dos sem fortuna
Nos morros das favelas, permanece a ignorância como algo imutável
A maioria colocada e mantida a margem da história
A história que passa e esquece dos infortunados
A história escrita pelas mãos dos seres intocáveis
Um país de um povo imenso

Por trás do sentimento de revolta esta a vontade de evoluir
Somente o princípio da história explica o presente
A exploração e o desembarque de degredados da pátria descobridora
Uma pátria construída sob pilares destituídos de fundamento

O MUNDO LÁ FORA

Daqui de dentro vejo o mundo lá fora
O mundo que não para
A cada esquina algo novo
Pessoas que seguem sem me notar

É uma vida que segue sem esperar
São pessoas comuns que vão sem pensar
É a rotina do mesmo
Não há novidade neste mundo

A vida segue com suas voltas que nos levam para o mesmo lugar
O ponto de partida é sempre o mesmo
Não há o novo, somente o mesmo
A vida segue

Agora, quero me confrontar com o insólito
Quero ver o que esta além deste lugar
Deve haver um mundo diferente
Onde a vida possa viver

OCEANO

Sentado a beira do oceano
O vento corta meu rosto
As ondas vêm em minha direção e se vão
Lá longe vejo o horizonte

Aqui não vejo o tempo passar
Este ar tão sereno me faz viajar em pensamentos
Resta imaginar diante desta imensidão
Neste momento restam apenas ilusões

Agora, fico a imaginar a vida lá na cidade
Por que de tanta ambição
Afinal, o que o homem busca para si
Se aqui há tudo com tanta simplicidade

A vida é apenas complicação
Buscamos complexidade onde não há
É no mais simples que encontramos a paz
Nossa vida não quer complicação

SIGO MEU CAMINHO

Mais uma vez encontro-me aqui
Deparo-me com minha triste face em frente ao espelho
Este viver não é vida
É apenas estar aqui por estar

Preciso desejar algo
Necessito querer uma vida
Algo de novo terá que surgir
O viver não pode ser isso

O que ficou para trás é desalento
Preciso de alento para viver o presente
Quero sonhos para suportar o futuro
Terei mais ilusões para a vida viver

VIDA

A vida passa sem nos notar
Precisamos notar a vida
Senão não há notarmos ela passará
Não haverá tempo para viver

Deram-nos uma vida
Não nos deram o saber viver
Assim, vivenciamos uma vida
Ou simplesmente, nos prostramos diante dela

O tempo acompanha a vida
A vida continua enquanto houver tempo
Temos que ter tempo para a vida
E não perder a vida para o tempo

ACORDAR PARA UM NOVO DIA

Outrora estava ali vendo o tempo passar
O mundo seguia seu curso sem me notar

Não haviam ilusões a serem perseguidas
Estava prostrado naquele lugar

Hoje acordei para um novo dia
Vi a vida lá fora a me esperar
Cansei de esperar a vida vir me encontrar
Caminhei ao encontro da vida para os sonhos viver

Preciso ilusões ter para a vida seguir
Quero sonhar para a vida ser melhor
Aquela vida de outrora não me satisfaz
Quero olhar para o vindouro e ilusões ter

AQUELES MOMENTOS

Muitos momentos deixaram lembranças
São momentos passados que se fazem presentes
O tempo não apaga o que deixou marcas
Me acompanham no curso da minha vida

Com muitas pessoas tive momentos
Com poucas pessoas tive momentos que ficaram
Os momentos que ficaram tiveram pessoas especiais
Mas poucas foram as pessoas especiais

HOJE

Momentos se passaram
Dispersaram-se pelo tempo

Será vida ou ilusão?
Hoje cá estou
Nesse mundo tão sofrível
Não mais há o sonhar
O antes era o melhor
O hoje é amargor
O agora é continuar aqui nesse lugar
Outrora havia mais vida
O hoje é conformar-se que com o que há
À vida quero voltar
Dela não mais quero sair

SONHAR PARA VIVER

Quero alcançar o intangível
Trazer a mim o que parece tão longínquo
Meus olhos nada vêem além do real
Quero fechá-los e construir o impossível

A vida se apresenta tão sofrível
Essa realidade me maltrata
Vou dela fugir para o longe
Ao encontro do que vislumbrei

Quando ao horizonte chegar
Quero com a beleza da vida me confrontar
Ao deleite me entregar
Não restará mais lamentar

MUNDO DESIGUAL

Triste rotina segue aquele trabalhador
Tanto sofre e tão pouco lhe retribuem
Sua vida é apenas martírio
Segue um caminho sem ter onde chegar

La do outro lado é a vida é mais fácil
Tudo é repleto de mais glamour
Não há sofrer, apenas alegria
Há tudo que se possa pensar

Ainda que difícil, o trabalhador segue sua vida
Luta incessante por aquilo que almeja
O que busca é simplesmente o bem viver
Não quer riqueza, quer apenas o que lhe parece justo

TRISTE SOLIDÃO

Sinto-me só
Tantas pessoas ao meu redor
E a solidão me assola
Não há compaixão
Apenas solidão e desprezo
Vejo apenas a iniqüidade deste mundo vazio
A perfeição aparente aos poucos se desfaz
Esses seres que me cercam são desprezíveis
Não há essência nestes, apenas o insustentável
Busco a perfeição sem cessar

Encontro apenas tênues ilusões

AGORA O REAL

Aquele jovem pacato de outrora
Agora se defronta com a realidade da vida
Vê-se frente e frente com o mundo real
Querem que seja alguém
Que faça algo
Que fale alto
Que seja destemido
Que impávido vá em direção ao insólito
Que demonstre ser o que o mundo deseja
Baste que aparente ser
Não querem que o seja de fato
Assim segue o destino que lhe traçam
Sem notar-se a si próprio
Pois apenas seguem sem pensar

A VIDA ENSINA

Por diversas vezes ceguei-me ...
Deixei de ver o que de real acontecia
As pessoas pareciam seres confiáveis
Mas era somente desfaçatez
Mas aos poucos abdiquei das ilusões
Contemplei apenas os fatos reais
A realidade se fez presente em minha vida

E AGORA?

O tempo quase há findar
A vida passou ...
E eu aqui há recordar
Queria ter mais realizado
Não ter exitado tanto
Me prostei diante do viver
A vida não perdoa hesitações
Quiça pudesse eu reviver o tempo
Mas o tempo transcorre e não mais retorna
Assim me resta contentar com o que pude viver

LIBERDADE

O homem pensa
Exprime suas idéias
Fala ao mundo
Quer ser ouvido
Não quer ser tolhido
Ergue sua voz ao vento
Não há silêncio
Há palavras jogadas ao ar
Sem o qual não há ser humano

UM SOFREDOR

Mais um dia
Triste vida

Nela não queria estar
Espera a sorte lhe sorrir
Enquanto isso segue em frente
Trabalha sob o sol
A desesperança lhe assola
Pensamentos bons não há
Não vê futuro
Apenas o presente a lhe fatigar
Mas levanta-se e segue
Pelo caminho do destino
Até que a vida enfim traga a recompensa

PAZ

Quero a paz
Deixo a guerra
Não quero o confronto
Prefiro a harmonia
No interior da alma
Repousa a tranquilidade
A vida assim se faz melhor
Pois conflito não há

VIDA NO CAMPO

Cai a noite
Vejo as estrelas

O céu aqui é mais bonito
No silêncio sinto-me gente
Distante das inquietações
A vida lá na cidade é só complicação
Na simplicidade vislumbro o que importa
O material aqui se mostra desinteressante
É no simples que vemos a vida

NO SILÊNCIO

Aqui nesse lugar
No silêncio
Sinto a paz
Pensamentos advêm
São idéias intangíveis
Quimeras a realizar
De objetivos eu preciso
Pois sentido tem que haver
No silêncio penso
Imagino o vindouro
Canso-me do presente
Quero estar além daqui
Buscar o novo

NOSTÁLGICO

Hoje relembro o passado
Momentos de rara felicidade

Outros de extrema infelicidade
São fatos que marcaram
Me fazem repensar o viver de hoje
Ter atitudes de impavidez
Não hesitar diante do que a vida me traz
Ver no mundo a sua essência
Aquilo que me basta
Preciso de pouco para ser feliz

PELAS RUAS

Caminho pelas ruas
Circunspecto, sigo meu caminho
Observo a realidade a minha volta
Disparidades perceptíveis
De um lado a riqueza e prosperidade
No outro lado, a miséria que assola
O ter se sobrepõe ao ser
São pessoas de muitas posses
Porém, pobres de espírito
São indiferentes frente ao sofrimento alheio
Esse mundo da muitas riquezas
Para tantos sobra apenas o indispensável
Enquanto poucos se apegam ao excesso

ESPERANÇA DESTE POVO

Olho a minha volta
Veja a dor e sofrimento deste povo

Sua vontade e perseverança
Porém, uma luta inglória

Nos bastidores do poder
Somente a indiferença
Desdenham deste povo
Não sentem temor

Este povo segue
No campo e na cidade
Há trabalho e esperança
Que um dia a vida seja menos sofrida

www.ingramcontent.com/pod-product-compliance
Lightning Source LLC
LaVergne TN
LVHW052104160826
845678LV00015B/3350

* 9 7 8 6 5 5 3 9 2 7 8 2 7 *